MÉMOIRE
SUR LES FINANCES,
ET
RÉFUTATION DU BUDJET DE 1816,

CONSIDÉRÉ

SOUS LES RAPPORTS DE LA FISCALITÉ
ET DE LA POLITIQUE.

PAR M^r. H. G. DELORME,

Propriétaire domicilié dans le département du Cher, et l'un des Français qui ont suivi le Roi en Belgique.

À PARIS,

CHEZ DENTU ET PETIT, LIBRAIRES,
PALAIS-ROYAL, GALERIES DE BOIS.

L. G. MICHAUD, IMPRIMEUR DU ROI,
RUE DES BONS-ENFANTS, N°. 34.

———

1er. JANVIER 1816.

MÉMOIRE

SUR LES FINANCES,

Et Réfutation du budjet de 1816, considéré sous les rapports de la fiscalité et de la politique.

Au mois de décembre 1815, j'avais publié l'exposé d'un systéme de finances; je n'avais aucun document certain pour en asseoir les bases; je n'avais que des idées vagues; maintenant, le budjet communiqué par le Ministre des Finances, me donne le moyen de rectifier ce qu'il a de défectueux : je crois aussi devoir à mon Roi et à ma patrie, de combattre les rapports et projets de lois présentés aux chambres, pour combler le déficit de nos finances, déficit qui doit renaître chaque année.

Ce ne peut être sur la présentation du budjet de 1816, que les mandataires de la nation parviendront à connaître les maux de la patrie, et les remèdes à lui apporter; ce ne sera que d'après un tableau, qui comprendra au moins les budjets des cinq années frappées de contributions de guerre, qu'il sera possible de reconnaître l'efficacité des ressources exigées par le ministre, ou leur insuffisance.

On a déjà la certitude que plusieurs des moyens demandés pour 1816, ne peuvent l'être pour les années suivantes, ce sont :

1°. Les cautionnements..... 50,000,000 fr.
2°. La moitié en sus des quatre contributions directes.... 160,000,000
3°. L'abandon fait par le Roi d'une portion de la liste civile.................. 10,000,000

Total du déficit présumé. 220,000,000

Ajoutons à ce déficit en recette, qu'il est presque certain que nous aurons un supplément de charges, occasionnées par la liquidation des créances particulières à faire aux étrangers, et dont le remboursement devra s'effectuer dans les années 1817, 1818, 1819 et 1820, et nous préjugerons déjà que le produit des recettes ne pourra s'élever à la hauteur des dépenses de ces années.

Cette situation incertaine doit nous décider à comparer l'ensemble de nos maux avec toutes nos ressources, afin que nous puissions adopter un système de finances, calculé sur plusieurs années ; car, si on présente ces budjets partiellement, on sera obligé de recourir annuellement aux expédients, et si, par des mesures inconvenantes, on a mis entre les mains des fournisseurs, tous les gages du crédit, alors il ne restera à employer, pour combler le déficit, que les moyens vexatoires qui produiraient un mécontentement général.

Le Roi a fait l'abandon d'une partie de sa liste civile ; accepterons-nous un don si généreux ? Souffrirons-nous que notre souverain soit réduit à refuser des secours à l'indigence devenue si commune par les suites de nos révolutions ? Serait-il réduit, par une économie parcimonieuse, à abandonner les artistes, dont plusieurs déjà sont sans occupation, et ne manqueront pas de porter leurs talents et leur industrie aux pays étrangers ? Serait-il enfin privé de secourir les ministres des autels accablés d'infirmités ? Et l'abandon non moins généreux des princes, doit-il aussi être accepté ? Ces princes, si long-temps persécutés, furent obligés de contracter des dettes envers des Français, qui se trouvèrent heureux de placer leur fortune sur des têtes si chères ; ces Princes seront-ils obligés de retarder encore ces remboursements, tandis que la retenue qu'ils se sont imposée, sera prodiguée aux fournisseurs, déjà trop enrichis par la révolution ? Avant d'accepter de tels dons, que toutes les conséquences en soient pesées, et nous en déduirons que la liste civile doit rester intacte. Il est digne de la nation française, digne des chambres qui la représentent de refuser les dix millions offerts si généreusement par le Roi et les Princes.

On nous présente, comme un grand moyen de salut, une nouvelle création d'une caisse d'amortissement ; on lui assure, par de sages précautions, une existence *éternelle* : et, pour arriver au grand résultat d'éteindre la dette, on lui assigne 14 millions à prendre, chaque année, sur les postes. Il est facile de prévoir que cette somme, destinée à amortir près de cinq milliards, sera très insignifiante ; il est encore facile de prévoir que, par les engagements du trésor, envers les étrangers, il n'est aucun gardien, aucune mesure de prudence, qui puisse empêcher de puiser à cette caisse, quand les fonds manqueront pour acquitter les lettres de change à leur échéance ; on préférera nécessairement enfreindre un règlement de finances, plutôt que de permettre que les étrangers vendent, à vil prix, les fonds publics, qu'ils ont eu soin de prendre en nantissement, pour assurer la ponctualité des paiements qui seront *échus chaque jour.*

N'est-il pas dérisoire aussi, que l'on propose d'autoriser les communes à s'imposer encore en centimes additionnels? Peut-on douter que l'acceptation de la même quotité d'impositions directes, que celles consenties pour 1815, que le supplément de la moitié en sus des quatre contributions directes; l'abandon exigé de tous les centimes facultatifs départementaux; la création des nouveaux impôts indirects, dont on veut frapper les fers, les toiles, les draps, les huiles, les cuirs, les papiers, les voitures d'eau et de terre; l'augmentation demandée sur les sels, les cartes, l'enregistrement, les vins, les eaux de vie, le tabac; peut-on douter, dis-je, que tous ces impôts réunis ne soient déjà excessivement disproportionnés avec les revenus de ceux qui doivent les acquitter, et qu'il ne soit, dès-lors, de toute impossibilité de réimposer les communes? Dans toute cette nomenclature d'objets à imposer, j'ai encore omis les droits d'entrées à exiger dans toutes les communes de 1,500 âmes et au-dessus.

On paraît avoir déjà oublié que le fléau de

la guerre vient de peser sur nos départements, et quoiqu'il soit très facile de coucher des probabilités de recette sur un budget, rien n'est moins certain que leur rentrée. Je me permettrai de sévères réflexions sur la création des nouveaux impôts projetés, et sur l'exercice des commis des droits réunis, auquel on pretend soumettre tout le commerce français, parce que, venant de parcourir nos départements, j'ai été à même d'apprécier les calamités qui ont pesé sur eux; parce que j'ai acquis la certitude que l'exercice imposé, seulement aux boissons, avait révolté, contre Buonaparte, tous les pays vignobles, et que, si la Bourgogne lui a donné de si chauds partisans, depuis son retour, au 20 Mars, ce n'a été que parce qu'on avait maintenu les exercices sur les vins. Notre situation est bien loin d'être calme; n'augmentons donc point le mal en irritant la classe ouvrière et agricole, sur laquelle on veut faire peser, plus particulièrement, tous les nouveaux impôts.

Le budget présenté en 1814, par M. le baron Louis, alors Ministre des Finances, ne fut accepté qu'à la majorité d'une voix. Qui de nous peut ignorer tous les moyens employés par ce Ministre pour persuader la Chambre, pour la capter et l'entraîner à l'adoption de son budget ; ce budget était onéreux à l'Etat, parce qu'il faisait consentir un intérêt de huit pour cent, en faveur des créanciers du dernier gouvernement ; il était onéreux, parce qu'on n'avait point exigé des délais suffisants, pour vendre, à leur valeur, les 300,000 hectares de bois. les *talents* de ce Ministre peuvent au moins être contestés, quand on se rappelle que par l'introduction des fers étrangers, il multiplia le nombre des mécontents, et fit diminuer la valeur des forêts de l'Etat, que l'on destinait à être vendues pour en acquitter les dettes.

Les Français voudraient n'avoir à contester que les *grands talents* de ce ministre, mais la voix publique l'accuse d'une coupable négligence : le baron Louis était encore ministre au 20 mars, le trésor avait alors en réserve 72 millions, les officiers à demi-solde n'étaient point payés ; plusieurs services étaient en retard, ce qui contribua encore à faire des mécontents. Qu'est devenue cette réserve qui devait suivre le Roi ? Elle a été la proie de l'usurpateur.... Elle a servi à alimenter les bruits mensongers que Buonaparte était revenu de l'île d'Elbe avec de grands trésors, fournis par son allié supposé, l'empereur d'Autriche ; enfin, il trouva, dans cette épargne inattendue, les moyens de prodiguer l'argent à ses créatures, et de préparer la ruine de la dynastie des Bourbons : et c'est sur les erremens de ce ministre qui ne peut être innocenté qu'après avoir été jugé constitutionnellement, que le nouveau ministre prétend nous faire marcher? il fait l'éloge de son prédécesseur.... Qu'il nous dise mieux ; le baron Louis n'était qu'un joueur à la hausse et à la baisse, et si sa conduite n'a pas été perfide, elle a été au moins inepte et pusillanime. Et vous ministres actuels qui, ne pouvez méconnaître l'état critique de la France; vous qui devez savoir que toutes mesures violentes à adopter peuvent avoir des dangers, vous ne craignez pas de suivre la marche consacrée depuis vingt-cinq ans par des ministres révolutionnaires ! Vous demandez des augmentations d'impôts sur tous les objets de première nécessité, et vous voulez les percevoir au nom du Roi par des moyens odieux aux Français ; quels peuvent être vos motifs, pour proposer des mesures qui doivent porter le peuple au désespoir?... Quelles peuvent être vos raisons, pour traiter si paternellement les fournisseurs de l'usurpateur ? Ne craignez-vous pas qu'on ne soupçonne les grands de l'État, qui ne sont point étrangers au dernier gouvernement, d'être intéressés dans les fournitures à payer? Ne craignez-vous pas qu'on ne dise que vous avez cédé aux suggestions perfides de ces grands, ou qu'on ne dise encore, que par des motifs d'intérêts qui vous seraient personnels, vous avez accordé votre haute protection aux vampires du gouvernement de Buonaparte (1).

Au lieu de ces mesures qui ne peuvent produire sur le peuple que le découragement et la haine, présentez au meilleur des Rois des vues toutes paternelles ; il vous entendra, car son cœur fut toujours sensible au cri de l'infortune : demandez-lui de prompts secours, pour cette partie de son peuple, qui a tellement souffert par la guerre, que tous ses maux se multiplient, par la longueur qu'on met à la secourir ; demandez-lui des indemnités, pour ces émigrés toujours persécutés pour la cause des Bourbons : ne lui cachez plus, que, par les ratifications de leurs biens, le calme se répandra dans la classe des possesseurs des biens vendus révolutionnairement ; et que cette bienfaisante concession amènera la paix intérieure. Ne soyez pas seulement financiers, que la politique vous dirige ; soyez hommes d'état et vous aurez bien mérité du Roi et de la patrie.

Le Roi ne devait rien aux fournisseurs de l'usurpateur; par un acte de sa munificence, il a consenti qu'ils fussent portés créanciers de l'État; mais le Roi aurait-il voulu sacrifier le denier de la veuve, et le sang de son peuple, pour acquitter de telles créances? Non, le Roi est trop juste: il a promis, il est vrai, mais il n'a rien promis qui fût impossible; son peuple secondera sa générosité, mais aussi il réclamera de son équité, des délais que les circonstances commandent. La France peut être sauvée par un ministre des finances assez courageux pour embrasser d'un coup-d'œil la totalité de ses maux et lui appliquer des remèdes proportionnés; elle serait sauvée par un ministre qui aimerait son Roi et sa patrie; elle serait sauvée enfin par un nouveau Sully qui, né parmi nous, aurait le cœur français.

Sully, Richelieu, Colbert, hommes immortels, et dont la mémoire doit être si chère à tout bon Français, vous fûtes aussi ministre en des temps orageux, mais votre esprit ferme en ses desseins, sut en imposer à tous les factieux, et vous ne pensâtes jamais à sacrifier l'État à d'indignes traitants. Vous sûtes les contraindre à se présenter pardevant des chambres de vérificateurs qui les taxèrent arbitrairement. La nation applaudit à ces mesures sages qui seules purent les porter à restituer une partie de ce qu'ils avaient acquis illégitimement. Ce sont ces grands modèles que nous devrions suivre, puisque nous sommes dans des circonstances toutes semblables à celles dans lesquelles ils se sont trouvés. Mais je me récrie en vain, un fatal génie accable de tout son poids ma patrie, et veut que le peuple soit toujours sacrifié aux gens enrichis par la révolution. C'est à vous, députés des départements, que doit être réservé le droit de dire la vérité à notre Auguste Monarque; vous la direz, il vous entendra, et le Roi, sa famille et la France seront sauvés.

En exigeant un supplément de cautionnement de tous les titulaires des places, on s'est peu inquiété de savoir s'ils pourraient le payer; cependant il est certain que la plus grande partie d'entre eux ont consenti des emprunts pour leurs premiers cautionnements; comment trouveront ils de nouveaux prêteurs pour le supplément demandé? ils ne pourront en trouver dans un moment où la confiance est anéantie, et s'ils en trouvent ce ne pourra être qu'en souscrivant des traités onéreux.

Tout est impolitique dans le budjet proposé ; le peuple, l'industrie et l'agriculture supporteraient presque seuls toutes les charges de l'État; le capitaliste ne serait point atteint, le commerce languirait, et l'augmentation donnée, par un impôt, à tous les objets de nos fabriques, faciliterait les moyens d'introduire par contrebande les marchandises des fabriques étrangères.

N'est-il pas encore inconvenant, dans un moment où il s'opère de grandes suppressions qui augmentent d'une manière effrayante le nombre des infortunés, que l'on propose de mettre en régie la fabrication des cartes, tandis que, par des licences d'abonnement, on arriverait à obtenir de cette partie, un résultat à peu près semblable à celui qu'on se promet?

Vous, qui êtes placés entre le souverain et le peuple, ne perdez jamais de vue que les grands intérêts de l'État veulent que toutes les classes de la nation soient dans l'aisance, et que de leurs prospérités devront naître des ressources infinies.

Par l'art. 301, des impôts indirects sur les tabacs, *la régie sera autorisée à vendre des tabacs étrangers de toutes les espèces*. Il est facile de reconnaître, à cette proposition, que l'intérêt du fisc est l'unique et suprême loi de ceux qui dirigent les finances. C'est à une époque où notre numéraire s'écoule de toute part, pour se porter chez les étrangers, que l'on prétend obtenir des chambres le droit d'ouvrir de nouvelles sources à son écoulement; j'avoue que par l'adoption de ce moyen, la régie doit se promettre de grands bénéfices, mais tout ce qui serait acheté en des pays étrangers, le serait au détriment de ceux de nos agriculteurs qui se livrent à cette spéculation, la destruction inévitable de cette branche de l'industrie agricole en serait la suite, et elle produirait nécessairement des conséquences très fâcheuses sur l'esprit public de nos provinces du Nord.

Tout dans ce budget tend à pomper le numéraire, et rien n'est présenté en faveur de la société pour le reproduire.

Les différentes propositions sur lesquelles je viens d'appeler l'attention du Roi, des chambres et de la nation, démontrent suffisamment la nécessité d'un concordat de paix intérieure; il en est encore une, cependant, que je n'ai point présentée, et qui en devrait être le complément indispensable : ce serait de montrer la possibilité de donner au clergé un commencement de dotation qui le sortirait de cette situation précaire et affligeante qui le conduit insensiblement à sa destruction totale; il lui restait dans quelques-unes de ses forêts, devenues nationales, la certitude de se fonder des ressources pour assurer, en partie, son indépendance; cependant nous ne pouvons nous dissimuler que les circonstances impérieuses dans lesquelles nous nous trouvons, ne nous laissent pas le choix de rendre au service des autels cette dernière espérance. L'état de misère dans lequel se trouvent les ecclésiastiques infirmes et valétudinaires, le peu de moyens qui existent pour entretenir les Séminaires, donnent une répugnance invincible à autoriser cette dernière spoliation. On doit néanmoins observer que la nature de ces propriétés entraîne de grands frais d'administrations, que la répartition entre les départements en serait impossible. Il me paraîtrait donc indispensable, pour obvier à tous ces inconvénients et tranquilliser l'homme de bien appelé à sanctionner ces ventes, d'accorder au clergé, en indemnité des bois à vendre, la somme de cent millions, et de lui allouer sur le budjet des années suivantes, dix millions; toutes ces sommes seraient divisées entre tous les départements pour être échangées contre des immeubles; ou ce qui, à mon avis, serait bien préférable, ces sommes seraient placées sur hypothèque. Par ce placement, il s'établirait des relations d'intérêts entre le clergé et les propriétaires ; toutes les objections fiscales cesseraient, puisque, par cette manière d'employer les capitaux du clergé, il n'y aurait pas l'*inconvénient* des biens morts pour la circulation ; et que les ministres de la religion, ayant moins de soins domestiques à prendre, serait plus libre de se livrer tout entier à ceux de son ministère et à la surveillance de l'éducation de nos enfants.

La somme de cent millions à donner au clergé pourra peut-être paraître exorbitante dans cette circonstance, mais ceux qui en seraient effrayés, doivent se persuader qu'il en sera de cet acte de justice nationale comme des sommes consacrées aux émigrés; il deviendra la source de la prospérité publique, et la cause première d'une hausse considérable sur les bois à vendre ; enfin, par les capitaux payés au clergé, on diminuera les charges annuelles de l'État; et le sort des ecclésiastiques étant assuré, ils ne seront plus compris dans les dépenses des budjets; conséquemment, on ne,

Mém. fin.

peut voir dans ce projet que des capitaux à donner en remplacement des traitements que reçoivent annuellement les ministres des autels.

Le ministre des finances a présenté le budjet de l'année 1816. Par les moyens qu'il a proposés, la situation précaire du trésor augmentera annuellement.

Je lui opposerai le budjet des onze années qui commenceront en 1816 et finiront en 1826; je me propose de prouver, par ces budjets, qu'à l'aide d'un crédit ouvert au gouvernement, crédit qui ne sera forcé que du gouvernement à ses agents et à ses créanciers; il sera amorti, en onze années, 1,989,300,000 de dettes.

Je me propose de prouver encore par ce système, qui n'a rien d'exagéré et qui est basé sur la plus scrupuleuse équité, que les créanciers de l'État seront *intégralement* payés, et que les employés n'éprouveront pas une perte aussi considérable que par la retenue que le ministre propose de leur faire supporter; retenue qui serait nécessairement augmentée annuellement, puisque par le budjet ministériel, nous avons la certitude qu'il sera impossible d'élever la recette à la hauteur de la dépense.

Je reproduirai quelques-unes des propositions contenues dans mon exposé d'un système de finance (2), ainsi que mon système de banque hypothécaire départementale ; ces banques peuvent devenir de la plus haute importance pour la prospérité de l'agriculture et du commerce ; elles seront volontaires, et ne s'établiront que quand les départements en sentiront les avantages et la nécessité. Il n'est donc point question de papier-monnaie, je ne propose qu'un simple crédit ouvert au gouvernement, et un crédit volontaire à ouvrir entre quelques propriétaires des départements et le gouvernement.

Projet de loi.

1º. La loi du 23 septembre 1814, qui accorde 8 pour 100 d'intérêts aux bons royaux, sera rapportée ;

2º. Il sera créé pour un milliard d'obligations du trésor royal ;

3º. Les porteurs des obligations en recevront annuellement l'intérêt à 5 pour 100 ;

4º. Chaque cédule sera de 500 fr., divisée en dix coupons ;

5º. Les obligations royales seront hypothéquées sur les biens communaux non vendus et sur les bois de l'État destinés à être vendus, conformément au budget présenté pour 1816.

6°. Les intérêts des obligations seront payés à la fin de chaque année ; les obligations seront estampillées pour faire foi du paiement de l'intérêt et à titre de vérification ;

7°. Les obligations royales ne seront reçues que volontairement ; et en aucun cas, elles ne pourront avoir cours forcé pour leur valeur nominale ;

8°. On ne séparera que le coupon de l'année courante, sous peine de ne recevoir les intérêts qu'après l'extinction des dix annuités.

Emission des obligations.

1°. Cent millions seront répartis pour dédommagement de réquisitions, pertes de bestiaux, ravages de récolte, incendies et autres fléaux occasionnés par la dernière guerre ;

2°. Deux cents millions seront répartis entre les émigrés, proportionnellement aux biens qui ont été vendus par le gouvernement ;

3°. Les biens ratifiés par les émigrés ou rachetés par eux, ne feront pas partie de la masse de répartition ;

4°. L'indemnité nationale sera répartie entre les émigrés, au marc le franc, du prix d'estimation en numéraire, lors de la vente de leurs propriétés (3) ;

5°. Les propriétaires actuels des biens des émigrés paieront les coûts d'acte, transcription et enregistrement des ratifications qu'ils recevront, et ce, à raison de 6 pour 100.

6°. Les biens d'émigrés, possédés par la caisse d'amortissement, leur seront rendus;

7°. Les cent millions, provenant de l'emprunt de guerre, seront rendus en obligations royales;

8°. Cent millions seront donnés au clergé, pour en disposer conformément aux lois qui seront rendues pour cette dotation.

9°. Trois cents millions seront payés à compte de la dette exigible, et ce paiement sera particulièrement affecté au paiement des soldes, pensions et traitements arriérés;

10°. Les deux cents millions restant de l'émission des obligations resteront au trésor, pour être employés à l'acquit du budget de 1816.

Extinction des obligations royales.

1°. Les obligations seront reçues en paiement des biens communaux et des quatre cent mille hectares de bois à vendre, conformément au budget de 1816;

2°. Les ventes ne commenceront qu'après l'émission de la moitié, au moins, des obligations (4);

3º. Les paiements des ventes de bois et biens communaux se feront en obligations royales, en dix ans et en dix paiements égaux; le premier commencera trois mois après l'adjudication des ventes (5);

4º. Les paiements seront faits en obligations correspondant aux annuités échues;

5º. Les adjudicataires paieront de suite en numéraire, pour frais de contrôle et adjudication, 6 pour 100 du capital de vente;

6º. Les intérêts seront payés en numéraire, tous les six mois.

Crédit à ouvrir aux différents Ministères.

On portera au budjet de chacune des années 1816, 17, 18, 19, 20, une somme de 200 millions en obligations royales.

On portera au budjet de chacune des années 1821, 22, 23, 24, 25, 26, une somme de 100 millions.

On paiera avec ces obligations, une partie des appointements, traitements et autres charges de l'État. Le surplus sera payé en numéraire.

Il ne sera fait aucune retenue sur les appointements et traitements des salariés par le le trésor royal.

BANQUE DÉPARTEMENTALE.

(Voyez le premier *Mémoire* ou *Exposé d'un Système de Finance*, note 2.)

Délais des paiements à accorder aux propriétaires.

Les tribunaux des départements qui ont supporté la charge des armées étrangères pourront suspendre momentanément les expropriations, et accorder des délais qui ne pourront être moindres d'une année, et qui ne pourront excéder cinq années. Renvoyé au 1er. Mémoire.

OBSERVATION.

A l'aide des emprunts faits en obligations royales et leur extinction progressive, ainsi qu'elle est fixée aux états ci-après transcrits.

En adoptant la partie des impôts qui n'ont rien de vexatoire, et auxquels le peuple est accoutumé, en diminuant même l'impôt foncier de 25 millions, on amortira en dix années la somme de 1,989,300,000.

Pour convaincre mes lecteurs de ce que j'avance, je joindrai à la suite de ce mémoire, les budjets des dépenses et des recettes de onze années.

Cette certitude d'une diminution aussi considérable de nos dettes en si peu de temps, devra contribuer, sans doute, à relever la confiance publique envers le Trésor Royal, et faire desirer aux employés du Gouvernement, d'être payés en partie en obligations royales, plutôt que de supporter des retenues, dont le principe, une fois adopté, n'aurait plus de terme.

Ceux qui ont des suppléments de cautionnements à donner, doivent considérer qu'ils auront une grande facilité pour ces paiements, parce que le Gouvernement en recevra les quatre cinquièmes en obligations, et seulement un cinquième en argent; ils auront plus de facilité parce qu'ils trouveront aisément des prêteurs en donnant une prime sur les intérêts que produiront les obligations.

Si mes propositions sont adoptées, il deviendra avantageux à la cause royale, que les 100 millions destinés aux provinces ravagées par la guerre, soient distribués pendant le séjour de l'un de nos princes dans ces provinces; il conviendra que les préfets préparent le travail de répartition, sans distinction d'opinion, et basé seulement sur le plus ou moins de dégâts, éprouvés par chacun des habitants; ce sera alors que les cœurs s'ouvriront à la joie la plus pure, et que les cris de *vive le Roi !* précéderont les sentiments d'union, auxquels j'appelle tous les Français.

Conclusion.

Il résulte de ce système de finance, et de ses conséquences ;

1°. Que dans l'espace de dix années on aura amorti la dette publique pour une somme de 1,989,300,000 fr.

2°. On aura diminué de suite les impôts directs ;

3°. Par un prompt dégrèvement donné aux provinces ravagées par la guerre, on aura rendu à la prospérité, l'agriculture et le commerce de ces provinces ;

4°. On aura détruit le germe des haines intérieures ;

5°. On aura procuré des moyens de reproductions au commerce et à l'agriculture, ce qui donnera des facilités pour les réimposer si les besoins l'exigent;

6°. On aura détruit à jamais les exercices si vexatoires et si impopulaires;

7°. Enfin on aura assuré l'indépendance du clergé, par un commencement de dotation qui consacrera le principe si utile, que le clergé doit être propriétaire, pour lui donner l'influence qui lui est indispensable pour faire refleurir la religion de nos pères.

ÉTAT

Contenant toutes les dettes du gouvernement français le 1er. janvier 1816.

A payer aux étrangers.	700,000,000 fr.	
Pour l'entretien et la nourriture des armées étrangères.	650,000,000	1,375,000,
Pour dépenses éventuelles aux étrangers.	25,000,000	
		1,375,000,

(27)

Ci-contre..... 1,375,000,000 fr.

Création d'un milliard en obligations royales, avec intérêts à 5 pour 100, remboursable par dixième en dix années, à employer ainsi qu'il suit :

1°. Pour l'arriéré des appointements, traitements, et pour une partie de la dette exigible............	300,000,000	
2°. Au clergé pour dotation............	100,000,000	
3°. Aux émigrés, en indemnité de leurs propriétés vendues par le gouvernement...	200,000,000	1,000,000,000
4°. Aux départements, pour les indemniser des pertes qu'ils ont éprouvées par la guerre............	100,000,000	
5°. Pour rembourser l'emprunt de guerre.	100,000,000	
6°. En réserve pour couvrir une partie des dépenses portées au budjet de 1816....	200,000,000	

2,375,000,000 fr.

D'autre part..... 2,375,000,0:

La dette consolidée à 5 pour 100........ 2,300,000,000	}	2,770,000,0
Le surplus de la dette exigible à consolider, à............... 470,000,000		

Les anciens cautionnements, intérêts à 4 pour 100........ 200,000,000	}	250,000,0
Le supplément des cautionnements ... 50,000,000		

Total de la dette publique au 1er. janvier 1816.................. 5,395,000,0(

Budjet de l'année 1816. Recettes.

Les quatre contributions directes portées au budjet ministériel à 320 millions, réduites à (6)............. 295,000,000
Enregistrement.............. 156,000,000
Postes, loterie, recettes diverses.................. 29,000,000
Douanes et sels............. 75,000,000
Contributions indirectes portées au budjet à 147 millions pour supprimer les exercices, réduites (7) à 100,000,000
_____
655,000,000 fr.

Ci-contre.... 655,000,000 fr.

Le dixième des ventes de bois, et biens communaux (8)... 60,000,000

Pour supplément des droits d'enregistrements pour les ratifications des biens des émigrés, et pour les ventes des bois précités............. 48,000,000

Pour le supplément des cautionnements (9)........... 50,000,000

En obligations royales portées en réserve, à............. 200,000,000

$\overline{}$

1,013,000,000

Budjet de l'année 1816. *Dépenses.*

Le cinquième de la créance des étrangers.......... fr. 275,000,000

Pour la dette consolidée.... 138,500,000

Amortissement d'un dixième des obligations royales... 100,000,000

Pour la liste civile et les exercices des ministères, comme au budjet ministériel, moins les 14 millions d'amortissement que j'ai portés, comme ci-dessus, à 100 millions.......... 395,700,000

$\overline{}$

Total..... 909,200,000 fr.

Budjet de l'année 1817. Recettes.

L'excédent des recettes de 1816, sur les dépenses de la même année, est de...	103,800,000 fr.
Les quatre contributions directes..................	295,000,000
Enregistrement.............	160,000,000
Postes, loteries, dépenses diverses..................	30,000,000
Douanes et sels............	75,000,000
Contributions indirectes et tabacs.................	100,000,000
Le dixième des ventes de bois....................	60,000,000
Intérêts pour les licences des banques départementales, à deux pour cent, au capital de 500 millions.....	10,000,000
Intérêts des neuf dixièmes des ventes des bois.......	27,000,000
Emprunt en obligations royales (10)...............	200,000,000
Total des recettes....	1,060,800,000 fr.

Budjet des dépenses de 1817.

Pour les puissances étrangères.................	275,000,000
	275,000,000 fr.

Ci-contre......	275,000,000 fr.
Pour la dette consolidée...	138,500,000
Pour les intérêts des 800 millions en obligations royales	40,000,000
Pour l'amortissement d'un dixième des obligations royales...............	100,000,000
Pour la liste civile et les exercices des différents ministères, augmentés de 4 millions 300,000 fr., et dix millions pour doter le Clergé................	410,000,000
Total des dépenses....	963,500,000

Budjet de 1818. *Recettes.*

Excédent des recettes de 1817, sur les dépenses de la même année.........	97,300,000
Les quatre contributions directes, les impositions indirectes de toutes espèces, le dixième des ventes de bois, l'intérêt des licences des banques, comme pour 1817; intérêts des ventes,	
	97,300,000 fr.

D'autre part....	97,300,000 fr.
moins 3 millions, pour le dixième du capital payé en 1817...............	754,000,000
Emprunt en obligat. (11)...	200,000,000
Total des recettes de 1818...	1,051,300,000 fr.

Budjet des dépenses de 1818.

Pour les puissances étrangères................	275,000,000
Pour la dette consolidée...	138,500,000
Pour l'intérêt de 900 millions en obligations, y comprenant l'intérêt de l'emprunt.	45,000,000
Pour l'amortissement du dixième des obligations....	100,000,000
Pour la liste civile, les exercices ministériels, et la dotation du Clergé......	410,000,000
Total.............	968,500,000 fr.

Budjet de l'année 1819. Recettes.

Excédent de la recette sur la dépense de 1818........	82,800,000
Les impositions directes, indirectes, le dixième des ventes de bois, l'intérêt des	
	82,800,000 fr.

Ci-contre.....	82,800,000 fr.
licences de banques, à un milliard de capital, l'intérêt des ventes, moins trois millions pour l'intérêt du dixième des ventes de bois, payé l'année précédente..	761,000,000
Emprunt des obligations (12).	200,000,000
Total.......	1,043,800,000 fr.

Budjet de 1819, *dépenses.*

Pour les puissances étrangères................	275,000,000
Pour la dette consolidée....	138,500,000
Pour les intérêts des emprunts et des obligations..	50,000,000
Pour l'amortissement du dixième des obligations..	100,000,000
Pour la liste civile, les exercices des ministères et la dotation du Clergé......	410,000,000
Total......	973,500,000 fr.

Budjet 1820, *recettes.*

Excédent de la recette de 1819, sur la dépense de la même année..........	70,300,000
	70,300,000 fr.

Mém. fin.

(34)

D'autre part.....	70,300,000 fr.
Les recettes comme pour l'année précédente, moins l'intérêt d'un dixième des ventes de bois..........	758,000,000
Emprunt en obligations (13).	200,000,000
Total......	1,028,300,000 fr.

Budjet de 1820, dépenses.

Aux puissances étrangères, pour solder le dernier cinquième...............	275,000,000
Pour la dette consolidée....	138,500,000
Pour les intérêts des emprunts, au capital de 600 millions................	30,000,000
Pour les intérêts des obligations restantes en circulation.................	20,000,000
Amortissement du dixième des obligations........	100,000,000
Pour la liste civile, les exercices des ministères et la dotation du Clergé......	410,000,000
Total de la dépense de 1820.	973,500,000 fr.

Budjet de 1821, recettes.

Excédent de la recette sur la dépense de l'année 1820..	54,800,000
	54,800,000 fr.

Ci-contre.....	54,800,000 fr.
Les recettes comme l'année précédente, moins 3 millions pour les intérêts du dixième des ventes de bois payé dans l'année précédente...............	755,000,000
Création de nouvelles obligations, à éteindre en dix années (14), à..........	100,000,000
Total.......	909,800,000 fr.

Budjet de 1821, *dépenses.*

La dette consolidée.......	138,500,000
Pour amortir le quart du premier emprunt de 200 millions..............	50,00,000
Pour les intérêts de l'emprunt de 800 millions.........	40,000,000
Pour l'intérêt des obligations en circulation..........	20,000,000
Amortissement du dixième des obligations..........	100,000,000
Pour la liste civile, l'exercice des ministères, et la dotation du Clergé......	410,000,000
Total de la dépense de 1821.	758,500,000 fr.

Budjet de 1822, *recettes.*

Excédent de la recette de 1821, sur la dépense de la même année..........	151,300,000
Les recettes comme les années précédentes, moins l'intérêt d'un dixième des bois.................	752,000,000
Création de nouvelles obligations.................	100,000,000
Total......	1,003,300,000 fr.

Budjet de 1822, *dépenses.*

La dette consolidée........	138,500,000
Pour amortir le quart du premier emprunt en obligations................	50,000,000
Pour amortir le quart du deuxième emprunt en obligations................	50,000,000
Intérêts des emprunts à 750 millions de capital......	37,500,000
Intérêts des obligations en circulation............	20,000,000
Amortissement du dixième des obligations.........	100,000,000
	396,000,000 fr.

(37)

Ci-contre.....	396,000,000 fr.
Amortissement du dixième des obligations de la seconde émission de 1821...	10,000,000
Pour la liste civile, les exercices des ministères et la dotation du clergé.......	410,000 000
Total de la dépense de 1822.	816,000,000 fr.

Budjet de 1823, *recettes.*

Excédent de la recette sur la dépense de 1822.....	187,300,000
Recette comme l'année précédente, moins l'intérêt du dixième des bois........	749,000,000
Création de nouvelles obligations..................	100,000,000
Total.......	1,036,300,000 fr.

Budjet de 1823, *dépenses.*

Dettes consolidées..........	138,500,000
Amortissement du premier emprunt................	50,000,000
Amortissement du deuxième emprunt................	50,000,000
Amortissement du troisième emprunt................	50,000,000
	288,500,000 fr.

D'autre part.....	288,500,000 fr.
Intérêts des emprunts, réduits à 650 fr................	32,500,000
Amortissement du dixième des obligations	100,000,000
Amortissement du dixième de la seconde émission des obligations de 1821..........	10,000,000
Amortissement de l'émission des obligations de 1822. ...	10,000,000
Pour la liste civile, les ministères et la dotation du clergé	410,000,000
Intérêts des obligations en circulation................	20,000,000
	871,000,000 f.

Budjet de 1824, *recettes.*

Excédent des recettes de 1823, sur les dépenses de la même année 1823, à............	165,300,000
La recette comme la précédente, moins le dixième des intérêts des ventes de bois..	746,000,000
Création de nouvelles obligations	100,000,000
	1,011,300,000 f.

Budjet de 1824, dépenses.

Dettes consolidées	138,500,000
Amortissement du premier emprunt, dernier paiement...	50,000,000
Amortissement du deuxième emprunt...............	50,000,000
Amortissement du troisième emprunt...............	50,000,000
Amortissement du quatrième emprunt...............	50,000,000
Intérêts des emprunts, réduits à 500 millions...........	25,000,000
Intérêts des obligations en circulation	20,000,000
Amortissement du dixième des obligations	100,000,000
Amortissement du dixième des obligations de l'émission de 1821	10,000,000
Amortissement de l'émission de 1822.................	10,000,000
Amortissement de l'émission de 1823.................	10,000,000
Pour la liste civile, les ministères et la dotation du clergé	410,000,000
	923,500,000 f.

Budjet de 1825, *recettes.*

Excédent de la recette de l'année 1824 sur la dépense de la même année............	87,800,000
Les recettes comme les précédentes, moins un dixième des ventes de bois........	743,000,000
Création de nouvelles obligations....................	100,000,000
	930,800,000 f.

Budjet de 1825, *dépenses.*

Dette consolidée............	138,500,000
Amortissement du deuxième emprunt, dernier paiement.	50,000,000
Amortissement du troisième emprunt................	50,000,000
Amortissement du quatrième emprunt................	50,000,000
Intérêts des emprunts, réduits à 300 millions............	15,000,000
Intérêts des obligations en circulation................	17,000,000
Amortissement du dernier 10ᵉ. des obligations de la première émission.............	100,000,000
	420,500,000 fr.

Ci-contre	420,500,000 fr.
Amortissement du dixième des obligations de 1821	10,000,000
Idem, des obligations de 1822.	10,000,000
Idem, des obligations de 1823.	10,000,000
Idem, des obligations de 1824.	10,000,000
Pour la liste civile, les ministères et la dotation du clergé	410,000,000
	870,500,000 f.

Budjet de 1826, *recettes.*

Excédent des recettes sur les dépenses de 1825	60,300,000
Recette comme les précédentes, moins 63 millions, pour le 10e. des bois et les intérêts..	680,000,000
Émission de 100 millions en obligations, à amortir comme les précédentes	100,000,000
	840,300,000 f.

Budjet de 1826, *dépenses.*

Dette consolidée	138,500,000
Amortissement du troisième emprunt et dernier paiement	50,000,000
Amortissement du quatrième emprunt	50,000,000
	238,500,000 fr.

Mém. fin.

D'autre part.....	238,500,000 fr.
Intérêts des emprunts, réduits à 150 millions.............	7,500,000
Intérêts des obligations en circulation, restant à 400 millions..................	20,000,000
Amortissement des 5 dixièmes des obligations des émissions dernières................	50,000,000
Pour la liste civile, les ministères et la dotation du clergé	410,000,000
	726,000,000 f.
Excédent des recettes de 1826, sur les dépenses de la même année	114,300,000
Il reste à amortir le dernier quart de l'emprunt.......	50
L'excédent de toutes les recettes sur les dépenses, distinction faite des 50 millions à payer.	64,300,000

Situation du trésor royal au 1er. janvier 1827.

Dette consolidée..........	2,770,000,000 f.
Excédent des recettes destinées à éteindre pareille somme en tiers consolidés.	64,300,000
Reste celle de....	2,705,700,000 f.

Ci-contre	2,705,700,000 fr.
Obligation du trésor en circulation	450,000,000
Cautionnement	250,000,000
	3,405,700,000 f.
Le trésor royal devait, par le budget du 1.er janvier 1816.	5,395,000,000
Il ne doit plus que celle de. .	3,405,700,000
Il a donc amorti, dans l'espace de onze années, la somme de	1,989,300,000 f.
Et le clergé aurait été doté d'une somme de	200,000,000

NOTES.

(1) Ils ont été déjà accusés sous le ministre de la guerre Dupont.

(2) Imprimé en décembre 1815, se trouve chez Dentu et Petit, libraires, Palais-Royal.

(3) La générosité du gouvernement tournera à son avantage, parce que les 200 millions donnés aux émigrés ne rapportant que 10 millions, cet intérêt sera plus que compensé par le produit annuel des droits de l'enregistrement perçus sur les ventes des biens nationaux, tandis que maintenant ils ne se vendent point, ou à vil prix.

(4) Plus il y a de numéraire, ou de signe représentatif de numéraire, et plus les immeubles acquièrent de valeur; c'est sur ce principe que j'ai établi cet article.

(5) En donnant dix ans pour payer les prix d'acquisitions,

(44)

les propriétaires concourront aux adjudications avec ceux qui seront porteurs des obligations du trésor; ce qui fera augmenter les bois à vendre.

(6) Par le budjet ministériel, les quatre contributions directes sont portées à 320 millions : je ne les évalue qu'à 295 millions; ce qui diminue l'impôt foncier de 25 millions.

(7) Les contributions indirectes étaient portées au budjet ministériel à 147 millions; je ne les porte qu'à 100 millions, afin qu'il ne soit pas créé de taxes nouvelles indirectes, et particulièrement pour qu'on ne rétablisse pas l'exercice.

(8) Les ventes de bois et biens communaux à faire, peuvent être évaluées à 600 millions; les délais que j'accorde, et l'expérience que j'ai acquise personnellement pour une telle opération, me donnent la certitude que ces ventes dépasseront ce capital.

(9) Le supplément du cautionnement sera reçu en obligations du trésor.

(10) Cet emprunt sera remboursé en numéraire par quart, en quatre années; le premier terme en 1821, et finira en 1824.

(11) Le second emprunt sera payé de la même manière; le premier terme du paiement sera en 1822, et finira en 1825.

(12) Le troisième emprunt sera payé comme les précédents; il commencera en 1823, et finira en 1826.

(13) Le quatrième et dernier emprunt sera payé comme les précédents; il commencera en 1824, et finira en 1827.

(14) Pendant cinq années, le trésor paiera en obligations pour une somme de 200 millions; et les six années suivantes, il n'aura besoin que d'un crédit annuel de 100 millions. Ainsi, en 1821, les employés et salariés par le trésor ne recevront en obligations qu'un sixième de leurs appointements, et en 1821 il n'y aura plus d'obligations en circulation que pour la somme de 500 millions.

www.ingramcontent.com/pod-product-compliance
Lightning Source LLC
Chambersburg PA
CBHW060505050426

42451CB00009B/832